AF243207

MÉMOIRE

SUR

LE COMMERCE ÉTRANGER

AVEC

LES COLONIES FRANÇAISES

DE L'AMÉRIQUE.

MÉMOIRE

SUR

LE COMMERCE ÉTRANGER

AVEC

LES COLONIES FRANÇAISES

DE L'AMÉRIQUE;

PRÉSENTÉ à la Chambre d'Agriculture du Cap,
le 17. Février 1784.

A PARIS,

Chez CUCHET, Libraire, rue & Hôtel Serpente.

M. DCC. LXXXV.

MÉMOIRE
SUR
LE COMMERCE ÉTRANGER
AVEC
LES COLONIES FRANÇAISES
DE L'AMÉRIQUE;

Présenté à la Chambre d'Agriculture du Cap, le 17 Février 1784.

L'Arrêt du Conseil d'État du mois d'Août 1784, annonce toute la bienfaisance du Gouvernement, qui reconnaît enfin quela liberté limitée du Commerce étranger est aussi utile à l'aggrandissement des Colonies, qu'à la prospérité du Commerce national.

Il reconnaît que la base de cette double prospérité, consiste dans l'adoucisse-

A

ment du fort des Efclaves ; enfin il ouvre les yeux fur l'impoffibilité de leur procurer des fubfiftances abondantes & plus faines, fans le fecours du Commerce étranger.

Il eft bien malheureux qu'il ait fallu une expérience de foixante ans pour démontrer cette vérité, & que l'intolérance du Commerce national ait étouffé les gémiffemens des Colons, qui ne demandaient au Gouvernement, que les feuls moyens de faire fubfifter ces êtres malheureux, qui font la fource première de la fortune des Colons, de l'aggrandiffement du Commerce, de la richeffe & de la prépondérance de la France fur les autres Nations de l'Europe.

Indépendamment des principes d'humanité, qui feuls devoient faire abroger la Loi de 1727, comment n'a-t-on pas vu que cette même Loi était contraire aux intérêts des Colonies, du Commerce de l'État ?

Ces vérités font triftes, elles font fa- ciles à démontrer ; mais elles ne font pas avouées de tous les Partis ; & tandis que les Colons acceptent la nouvelle Loi avec reconnoiffance, le Commerce jette les hauts cris, il affure que tout eft perdu, que tout eft ruiné.

Une Députation générale eft partie de toutes les Villes commerçantes ; le Mi- niftre bienfaifant craint de s'être trompé ; & le Colon trop éloigné, trop foiblement appuyé pour faire entendre fa voix, attend avec inquiétude l'iffue de cette Députa- tion.

Dans ces circonftances, le Miniftre doit entendre toutes les Parties ; il doit la même attention aux Négocians & aux Colons ; ils font tous enfans de l'État ; il doit partager les encouragemens d'une manière égale fur les uns & fur les autres ; & il doit des faveurs à la claffe qui aura plus utilement rempli le but que l'État fe propofe dans l'établiffement des Colonies. Afin de connaître les travaux & l'utilité des uns & des autres, nous comparerons l'état des Colonies & du Commerce de France, à l'état des Colonies & du Commerce Anglais.

La prospérité de la Métropole est le but que tous les États se proposént dans l'établissement des Colonies ; nous conviendrons de ce principe de politique, qui tout injuste qu'il est en lui-même, devient cependant nécessaire, & qui veut que les Colonies soient considérées, non par leur fortune individuelle, mais seulement comme des canaux qui servent à augmenter l'industrie & l'activité nationales, à déboucher les superfluités territoriales & celles des Manufactures, à fournir à l'État des denrées qui lui manquent en si grande abondance ; que non-seulement elles puissent subvenir à sa consommation intérieure, mais encore lui procurer avec les Étrangers des moyens d'échange, tels qu'il en résulte pour la Métropole la solde en argent la plus forte possible.

Les Colonies, considérées sous cet aspect, peuvent être en effet très-utiles ; mais pour parvenir à un but aussi désirable, il faut éloigner les entraves, & partager les encouragemens entre le Commerce & ses Colonies. Si l'un des deux est plus favorisé, ou il s'oubliera & deviendra indolent, ou il écrasera l'autre ; sa chute à lui-même sera prochaine. Car dans l'état actuel des choses, que deviendra le Commerce sans les Colonies ? & *vice versa ;* que deviendront les Colonies sans le Commerce ?

Le Commerce & les Colonies sont donc nécessaires l'un à l'autre, & la richesse de la Métropole dépend de leur mutuel accord.

Or, cet accord heureux & les effets qui en découlent, ne peuvent exister qu'en partageant également les faveurs de l'Etat. Ces principes sont avoués de tout le monde, & cependant ils n'ont pas été suivis ; c'est ce qu'il est aisé de démontrer.

Les Négocians ont eu toutes les faveurs, primes d'encouragement, gratifications, lettres de nobleſſe, avances de la part du Gouvernement, commerce excluſif, même pour les objets de première néceſſité, pour les ſubſiſtances les plus urgentes que la France ne peut pas fournir, qu'elle eſt obligée de tirer de l'Etranger, & qu'elle ne peut revendre qu'à un taux trop cher, pour que le Colon puiſſe les conſommer en les partageant avec ſes eſclaves ; toutes les graces enfin ont été prodiguées aux Négocians. Les Colons, au contraire, n'en ont reçu aucune ; ils ont gémi pendant ſoixante ans ſous les Loix prohibitives les plus oppreſſives, qui leur retranchaient juſqu'aux ſubſiſtances.

La Loi de 1727 a cauſé une grande plaie à la Colonie de Saint-Domingue ; le défaut de ſubſiſtances lui a enlevé depuis ce temps un million de nègres.

Les annales du monde entier ne fourniſſent pas un ſecond exemple d'une op-

preſſion auſſi cruelle, auſſi long-temps ſoutenue.

JAMAIS l'on ne vit aucun peuple en
mettre un autre à la chaîne, le condam-
ner au travail le plus pénible, & lui re-
fuſer en même temps la ſubſiſtance la plus
commune, la plus néceſſaire pendant une
ſuite de ſoixante années. Cette Loi a été
auſſi funeſte à l'Etat & au Commerce, qu'à
la Colonie.

SANS elle, les atteliers auroient été
conſervés par une nourriture plus abon-
dante & plus ſaine ; les atteliers devenus
plus nombreux par leur conſervation, auraient étendu les cultures, les denrées
coloniales ſe feraient multipliées ; il aurait
fallu un plus grand nombre de vaiſſeaux
pour les exporter ; on aurait débouché ou
échangé un plus grand nombre de ſuper-
fluités nationales ; jamais peut-être les Colonies étrangères n'auraient pu ſoutenir la
concurrence de celle-ci, parce que l'activité, l'induſtrie de ſes habitans ne laiſ-
ſent rien à deſirer, & qu'il n'a fallu rien

moins que les privilèges indiscrets que le Commerce national a obtenus, pour arrêter les élans de cette induſtrie, de cette activité, dont aucune autre Colonie ne fournit d'exemple.

En effet, la feule Colonie de Saint-Domingue importe dans fa Métropole une quantité de denrées, dont la valeur s'élève à cent vingt millions tournois, dont plus de la moitié eſt enſuite achetée par l'Etranger; & le produit eſt reparti aux Négocians François, aux manufactures, &c.

Qu'on ne diſe pas que les Colons Américains partagent cette proſpérité; car il y a cinquante Négocians riches contre un feul habitant. En effet, à peine peut-on compter deux cents habitans riches, dont les propriétaires jouiſſent en France de leur revenu, tandis qu'il y a dix mille Négocians ou Manufacturiers, dont la fortune individuelle eſt égale à celle de ces habitans.

La plupart des Américains riches qui

paſſent en France, ſont, ou des Entre-
preneurs, ou des Négocians Coloniaux. Sur
cent fortunes élevées à Saint-Domingue,
à peine y en a-t-il dix faites par des habitans. Les Colonies Anglaiſes ſont bien
éloignées d'avoir le même degré d'induſtrie, d'activité que l'on trouve dans la ſeule
Colonie de Saint-Domingue ; car la valeur des denrées que la Grande-Bretagne
reçoit de toutes ſes iſles occidentales réu-
nies, ne s'élève qu'à ſoixante-deux millions ; cependant les Négocians Anglais
débouchent ces denrées coloniales bien
plus avantageuſement que les Négocians
Français. Le ſucre brut anglais, qui eſt
très-inférieur au nôtre, vaut actuellement
60 livres tournois le cent à Londres,
tandis que le nôtre ne vaut à Bordeaux
& dans les autres ports que 36 livres. La
différence des poids des deux Nations &
la qualité ſupérieure de/nos ſucres, prouvent bien clairement qu'en Angleterre les
denrées coloniales ſe vendent le double de
ce qu'elles ſe vendent en France. L'on voit
auſſi que la ſeule Colonie de Saint-Domingue verſe dans ſa Métropole une quan-

tité de denrées, qui eſt plus que double de celles que toutes les iſles anglaiſes verſent dans la leur, puiſque Saint-Domingue verſe ſeul pour cent vingt millions de denrées vendues à bas prix, tandis que toutes les iſles anglaiſes, malgré la cherté de leurs denrées, ne donnent que ſoixante-deux millions.

Si d'un autre côté l'on conſidère que le Commerce Anglais livre à ſes Colons les inſtrumens de culture à un prix moitié moindre que le Négociant François, l'on verra que le Commerce Anglais fait des efforts incroyables pour ſoutenir ſes Colonies, tandis qu'au contraire les Négocians Français, étayés de tous les privilèges, ſemblent faire leurs efforts pour anéantir les Colonies Françaiſes.

En effet, non-ſeulement le Négociant Anglais achette très-cher les denrées de ſes Colonies; mais il vend ſes Nègres moitié meilleur marché, non-ſeulement à ſes Colons, mais même aux étrangers.

Dans ce moment-ci, les Anglais vendent aux Efpagnols leurs Nègres fur le pied de cent cinquante gourdes, ce qui fait à-peu-près 820 liv. tournois : un feul Anglois en fournit à ce taux quatre mille aux Efpagnols de la Trinité.

TANDIS que nos Négocians vendent à Saint-Domingue leurs cargaifons fur le pied de 2200 livres comptant ; ce qui , joint aux primes d'encouragement & autres gratifications qu'ils reçoivent du Gouvernement, fait un prix double de celui des Anglais.

MALGRÉ cela, ils jettent les hauts cris, ils affurent qu'ils font ruinés, & jurent de ne plus faire aucune expédition ni pour l'Afrique, ni pour l'Amérique.

PAR toutes les raifons que nous venons de déduire, l'on voit qui des deux, du Négociant ou du Colon François, a le mieux répondu aux vues du Gouvernement, qui des deux a le mieux mérité les graces & les encouragemens de l'Etat.

[12]

L'on voit que le Colon Français a fait des efforts inouis contre le Commerce qui tend à l'anéantir. Cette vérité mérite bien l'attention du Gouvernement, qui peut-être n'a jamais été instruit de l'état des chofes; l'on en fera bien plus convaincu, fi l'on veut encore faire attention que jamais les Colonies Anglaifes n'ont reçu aucun échec pendant leurs guerres : elles s'y font même enrichies, tandis qu'au contraire les Colonies Françaifes en ont reçu les atteintes les plus funeftes.

Obligées de foutenir par elles-mêmes, malgré les erreurs du Gouvernement & la tyrannie du Commerce, on les a vues abandonnées pendant des années entières, manquant de pain, de vin, de vêtemens pour les Maîtres, privés de fubfiftances pour les Efclaves, notamment pendant les fept années qu'a duré la guerre de 1756 jufqu'à 1762. A cette époque funefte, qui s'eft renouvellée depuis ce temps, l'on ne trouvoit pas à échanger deux barriques de fucre pour un feul baril de farine.

LE café, cette denrée verfatile, qui eft le fruit du courage le plus opiniâtre, qui ne préfente qu'un revenu paffager, lequel fouvent ne s'étend pas auffi loin que la vie très-abrégée de celui qui fait le premier défrichement; cette denrée qui exige tant de courage, tant de travaux, qui ne réuffit bien que fur les montagnes les plus efcarpées, lefquelles on ne peut aborder qu'en les graviffant, nous l'avons vue tellement tombée dans l'aviliffement, qu'elle ne fuffifait pas pour payer les frais de charroi jufqu'à l'entrepôt. Ce malheur eft arrivé plufieurs fois; il n'y a pas plus de quarante ans que le café ne valait que cinq à fix fols la livre.

L'AUTEUR de ce Mémoire a vu la mifère de ces courageux Colons; il l'a partagée pendant plus de trois ans; il n'a pas vu un feul morceau de pain; il n'a pas bu un feul verre de vin; il n'étoit pas poffible de faire un écu de fa denrée, tandis que le Négociant gagnoit le centuple fur la fienne.

Il falloit cependant s'abſenter pendant des ſemaines entières pour aller monter la garde à dix lieues de chez ſoi ; il falloit encore livrer ſes Eſclaves aux corvées ſans ceſſe renaiſſantes, pour ſe défendre contre les ennemis de l'Etat.

Jamais dans aucun pays il n'y eut de miſère plus affreuſe, plus réelle & plus long-tems ſoutenue. L'indigo, le ſucre, éprouvaient le même déchet. La Colonie reçut un ébranlement qui devait l'anéantir ; ſon courage, ſon induſtrie la ſoutinrent juſqu'à la paix de 1763 ; les Finances de l'Etat étaient épuiſées ; le Roi demanda une augmentation d'impôts de 1500 mille livres ; la Colonie donna trois millions.

L'espérance renaiſſait ; mais la guerre entre deux Nations rivales, eſt un fléau paſſager, bien moins dangereux que celui que la cupidité des Négocians éleva contre ces habitans ruinés.

Bientôt parut un nouvel ordre de

chofes ; le Commerce follicita le paiement des fommes que la Colonie lui devait. Comme aujourd'hui, il jettait les hauts cris, il exagérait les pertes qu'il avait faites pendant la guerre ; il obtint du Gouvernement une Chambre de Conciliation, qui bientôt devint une Chambre Ardente.

C'eft à ce Tribunal que l'impitoyable Négociant citoit le Colon ruiné ; celui-ci, fans autre formalité, recevait ordre de payer ou d'aller en prifon ; ce qui s'eft exécuté avec la dernière rigueur, jufqu'à ce qu'enfin les Adminiftrateurs confidérant que la fortune des deux parties confiftait dans le courage & l'induftrie du Colon enchaîné, fe déterminèrent à le rendre à fon travail, & à mettre un terme à la tyrannie du Commerce.

Tous ces fléaux, tous ces malheurs qui ont affligé la Colonie de Saint-Domingue, & qui font inconnues aux Colonies étrangères, devaient l'anéantir ; l'opiniâtreté & le courage de fes habitans l'ont foutenue.

LE Commerce ne dira pas que sa prospérité est dûe aux avances qu'il a faites; elles ne font rien en comparaison des trésors que Londres a versés dans les siennes. Pour le prouver, nous rapporterons ce que dit M. Smiths, Liv. 4, Chap. 7, page 233, édition d'Yperduy, 1781. Voici ce qu'il dit :

« IL faut observer que les fonds qui ont
» fait prospérer les Colonies Françaises à
» sucre, & particuliérement la grande Co-
» lonie de Saint-Domingue, ont été pres-
» qu'entièrement l'ouvrage de leurs pro-
» grès & de leur culture. Ils ont été
» presque en entier le produit du sol &
» de l'industrie des Colons, ou, ce qui
» revient au même, le prix de ce pro-
» duit graduellement accumulé par une
» bonne administration, & rendu à la
» culture pour augmenter la production.

» MAIS les fonds auxquels nos Colo-
» nies à sucre doivent leur amélioration
» & leur culture, sont venus en grande
» partie de l'Angleterre; ils n'ont pas été
» uniquement

[17]

» uniquement le produit du fol & de
» l'induftrie des Colons.

» LEUR profpérité eft la fuite de nos
» grandes richeffes, dont une partie a
» reflué, ou s'eft pour ainfi dire regor-
» gée fur les Colonies ; au lieu que celle
» des Colonies Françaifes doit être entié-
» rement imputée à leur bonne conduite,
» qui néceffairement leur a donné quel-
» que fupériorité fur les nôtres : or l'on
» a obfervé que cette fupériorité paraît
» fur-tout dans le gouvernement de leurs
» Efclaves ».

CES réflexions d'un Auteur fage, ami
de fa Nation, prouvent que le Commerce de France a bien peu contribué
par fes avances aux fuccès des Colonies.

ELLES juftifient encore les Colons des
imputations que les Philofophes & la Na-
ur font, au fujet du traitement de
laves ; leurs imprécations doivent

B

tomber fur le Commerce ; car l'énorme dépopulation dont on fe plaint, provient du défaut de fubfiftances que la Colonie ne produit pas, que le Colon demande depuis foixante ans, & que le Commerce a la dureté, non-feulement de ne pas importer, malgré les gratifications & les encouragemens qu'on lui accorde. Cependant il fe plaint, il s'irrite, mais encore de jetter les hauts cris, parce qu'on appelle l'étranger pour les importer en concurrence avec lui, en chargeant le Commerce étranger de droits confidérables qui font partagés au Commerce national.

L'Auteur que nous venons de citer, n'eft pas le feul qui reconnaiffe la différence des caufes de profpérité entre les Colonies Anglaifes & les nôtres ; c'eft une vérité très-reconnue chez les Anglais : nous pourrions en citer plufieurs exemples ; mais nous nous contenterons de rapporter les réflexions fuivantes, qu'on lit dans un Ouvrage publié depuis peu à Londres par M. *Chalmers*, l'un des hommes les plus inftruits en économie politique que l'Angle-

terre ait produis. Cet article eſt tiré de la
Gazette du Port-au-Prince, du 25 Décem-
bre 1784.

    « Rien de plus frappant & de plus in-
» concevable que la différence qui ſe
» trouve entre le ſuccès & le régime des
» Colonies Anglaiſes & des Colonies Fran-
» çaiſes des îles à ſucre ; les Colonies An-
» glaiſes ſe ſont élevées dans le ſein des
» richeſſes & du luxe ; les Colonies Fran-
» çaiſes ſe ſont nourries au contraire à
» l'école du malheur. Nos Colons jouiſ-
» ſaient d'un régime libre & tolérant ;
» les Colonies Françaiſes étaient gouver-
» nées dans leurs commencemens par un
» ſyſtême de police rigoureux. Ils ne pu-
» rent déployer dans leurs établiſſemens
» que de faibles efforts, vu leur manque
» de moyens ; leur économie augmenta
» graduellement leurs fonds modiques ;
» & leurs bénéfices, quelque peu conſidé-
» rables qu'ils fuſſent d'abord, firent proſ-
» pérer peu - à - peu leurs établiſſemens.
» Une plantation de café, dont la cul-
» ture ne demandait d'abord que peu de

» force , fe convertit bientôt en une plan-
» tation à fucre. C'eft ainfi que les Co-
» lonies Françaifes fe font élevées avec
» une rapidité & une vigueur qui ont
» étonné les Nations, tandis que les nô-
» tres , gouvernées par un plan d'admi-
» niftration diamétralement oppofé à celui
» des Français , imploraient fans ceffe la
» protection & les encouragemens de la
» Métropole. Mais il n'eft pas d'encou-
» ragemens qui puiffent foutenir des Co-
» lons indolens , magnifiques & vains ,
» qui ont commencé leurs établiffemens
» avec des fonds empruntés peut-être à
» des intérêts ufuraires. Les plantations
» Françaifes ont fu trouver des capitaux
» dans leurs propres reffources : les nôtres
» ont emprunté leurs fonds en Angleterre.
» De tout temps ils ont dû à la Grande-
» Bretagne tous les fonds qui leur ont
» fervi à perfectionner ou à établir leurs
» plantations. Malgré les productions qui
» viennent en Angleterre , les fonds ne
» nous rentrent jamais que difficilement;
» la dette des Colonies à fucre eft main-
» tenant de *douze cent millions tournois ;*

» & fi cette fomme énorme, ou même
» la moitié feulement, pouvait être em-
» ployée dans ce moment-ci à des be-
» foins domeftiques, combien n'aiderait-
» elle pas à la profpérité de la Grande-
» Bretagne, &c. »

Ces réflexions de M. Chalmers font
affurément d'un grand poids ; elles prouvent que le Commerce Anglais a fait les
plus grands efforts pour fes Colonies, &
qu'il s'en faut de beaucoup que le Commerce Français ait fait de même pour les
fiennes. Ainfi le Commerce Français ne
peut pas dire que la profpérité de nos Colonies foit dûe à fes avances.

Ce Commerce ne peut pas dire non
plus que cette profpérité foit dûe à la haute
valeur qu'il a donnée aux denrées coloniales, puifque le fucre anglais, qui eft
inférieur au nôtre, fe vend en Angleterre
le double du prix que les Français obtien-
nent dans leurs ports.

Ce même Commerce ne dira pas qu'il

livre les inſtrumens de culture à meilleur marché, puiſqu'il eſt de fait que les Anglais livrent leurs Nègres même aux Étrangers à un prix moitié moindre que celui que les Négocians Français exigent des Colons.

Il ne dira pas qu'il a fourni abondamment les ſubſiſtances qui ont ſoutenu les atteliers, puiſqu'il eſt prouvé que malgré les primes d'encouragemens, il n'en a pas fourni, & que, dans l'état actuel, il ne peut pas en fournir la vingtième partie du plus urgent néceſſaire.

Il ne dira pas qu'il a fourni des merreins qui ſervent à exporter les denrées, les bois de conſtruction, qui accélèrent l'établiſſement des Manufactures, puiſqu'il ne poſsède aucun de ces matériaux, & que cet article, ainſi que celui des ſubſiſtances, eſt l'objet de la diſcuſſion actuelle.

Il ne dira pas que les Colons aient profité de leur travail, & qu'ils ſe ſoient enrichis aux dépens du Commerce ; car il est prouvé qu'il n'y a pas deux cents plantations riches, qui fassent jouir paisiblement en France leurs propriétaires, tandis qu'il y a bien dans le Royaume au moins dix mille Négocians qui ont des fortunes plus solides, plus considérables, qui même possèdent les plus belles habitations. Leurs fortunes seroient bien plus nombreuses, si nos Négocians avoient le talent de vendre les denrées coloniales aussi cher que les Anglais.

L'on ne s'attend pas à cette énorme disproportion entre les fortunes élevées par les Négocians & celles des Planteurs ; mais c'est une vérité de fait qu'il est aisé au Ministre de vérifier.

Il trouvera à peine soixante plantations considérables, qui aient été remises par les pères à leurs enfans ; les cent quarante autres font des fortunes moins grandes ; quelques-unes ont même encore des dettes considérables.

Voila pourtant le résultat des travaux

de cent mille Colons, qui, fous l'efpoir
de faire fortune, fe font, pendant cent
ans, facrifiés pour élever les fuperbes villes
de Commerce de France, pour donner
à leur patrie la prépondérance fur les Colonies étrangères.

L'ON ne dira pas que cette prépondérance foit dûe aux faveurs, aux encouragemens du Gouvernement & du Commerce, puifque jamais aucun Planteur n'a
reçu aucune de ces faveurs que le Gouvernement a prodiguées au Commerce,
& que le Colon a mieux mérité que lui;
puifque depuis foixante ans, les Loix prohibitives, les plus oppreffives des Loix, qui
retranchaient jufqu'aux fubfiftances, ont
été maintenues avec la plus grande rigueur.

UNE telle conduite de la part des Planteurs, mérite bien quelqu'adouciffement,
& ils efpèrent que les nouvelles clameurs
du Commerce, ne ferviront qu'à faire connaître fon injuftice, fon infatiable & def-
tructive cupidité.

MAIS de quoi le Commerce de France se plaint-il ? La nouvelle Loi appelle les étrangers en concurrence avec les nationaux pour l'importation des salaisons, qui font les objets de première néceffité. Une expérience de foixante ans prouve bien que les Français n'ont pu les fournir, malgré les plus grands encouragemens de la part du Gouvernement.

QUANT aux légumes & autres vivres, la Colonie ne peut en produire qu'au détriment des denrées coloniales ; les nationaux ne peuvent point en apporter. Il eft donc indifpenfable de tirer ces objets de l'Étranger Cette vérité eft démontrée ; elle a été fentie par le Miniftre, & prévue par l'Arrêt du Confeil dont il eft queftion.

LE Commerce voudrait-il obtenir une Loi qui obligerait les Colons de planter une quantité de vivres qui leur fuffirait : il ferait promptement puni par la privation des denrées coloniales, qui néceffairement diminueraient en raifon de la quan-

tité de bras que l'on retirerait de la culture des denrées, pour les appliquer à celle
des vivres.

A mesure que les cultures se font éten-
dues, que les montagnes se font dégra-
dées, les ressources pour les vivres, ont
diminué; il faut de la terre neuve pour les
cultiver : toutes celles où font les plantations de café, suffiraient à peine pour fournir la quantité de vivres nécessaires. Le
Commerce perdrait les soixante millions
de café que la Colonie lui livre annuelle-
ment. Il ferait une autre perte plus directe,
& à laquelle il ferait bien sensible. La plus
forte dette de la Colonie envers le Commerce, est due par les établissemens de
café. Si l'on avait l'imprudence d'exiger que
la Colonie plantât tous les vivres qu'elle
peut consommer, comme ce font les feules
montagnes à café qui y seroient propres,
cette culture ferait bientôt anéantie ; les
vivres prendraient la place du café, &
cette précieuse source de richesses ferait
perdue pour la France, & le Commerce
n'aurait aucune ressource pour être payé.

Disons plus, ce font les montagnes qui compofent la force de la Colonie ; elles feules peuvent la protéger contre les ennemis de l'Etat ; ce font elles qui fourniffent à la confommation des fuperfluités de la France, parce que c'eft-là où eft la plus grande population ; c'eft-là où l'on perd ordinairement le défir de retourner en France, parce que la médiocrité des fortunes le permet rarement.

Ajoutons encore que cette population eft unique dans fon genre, en ce qu'elle s'accommode fuivant les variations du Commerce.

Les provifions d'Europe, les marchandifes sèches, font-elles abondantes ? Le montagnard defcend dans les villes, achette & confomme fouvent fans mefure tout ce qui s'y trouve. Deviennent-elles rares & chères ? Il refte chez lui, il abandonnne aux habitans des villes & des plaines les objets dont ils ne peuvent, dont ils ne favent pas fe paffer comme lui. Que deviendrait cette précieufe population, fi l'on prenait sa terre, déjà trop rétrécie, pour y planter des vivres? Il ne faut pas en douter, elle émigrerait ; & quoiqu'il lui en coûtât de renoncer à sa patrie, la crainte de la misère sans espoir d'en sortir, la conduiroit à la nouvelle Angleterre : l'Etat & le Commerce perdraient sans retour une population précieuse qu'ils ne pourraient pas remplacer.

D'AILLEURS, peut-on exiger du Colon, quel qu'il soit, de planter des vivres qui sont nécessairement à bas prix, à la place des denrées qui peuvent l'enrichir? Cent carreaux de vivres exigent cent Nègres pour leur entretien ; tandis que le même nombre de bras appliqués aux grandes cultures, peut donner 80 livres, & même au-delà.

D'APRÈS ce calcul, qui est très-vrai, l'intérêt public & celui des particuliers n'est-il pas de donner la préférence aux grandes cultures?

ET si des vues paisibles portaient le

Colon à cultiver des vivres plutôt que des denrées coloniales, l'Etat ne devrait-il pas faire ses efforts pour rétablir l'ordre le plus utile & le plus néceſſaire ? Il ſerait donc abſurde de vouloir que la Colonie négligeât les denrées coloniales, pour ſoigner les vivres. Il eſt donc indiſpenſable de les tirer de l'étranger.

La pêche, cette branche eſſentielle qui peut augmenter la force & l'induſtrie de la Marine, ne pourra jamais exiſter en France, tant que le commerce accoutumé aux grands profits que lui procure le débouché de ſes riches cargaiſons dans les Colonies, dédaignera les profits d'un Commerce économique, mais aſſuré. Le luxe des armemens, le nombreux équipage de chaque vaiſſeau ; enfin toute la Marine Marchande eſt ordonnée de manière que les profits de la pêche couvrent à peine les frais conſidérables des expéditions. D'ailleurs, les privilèges qu'il a obtenus du Gouvernement, lui donnent d'autres moyens de s'enrichir plus promptement.

La néceſſité ſeule rend induſtrieux ; le Commerce eſt trop riche ; il reſſemble aux Colons Anglais, peints par M. Chalmers ; l'on peut dire qu'il n'eſt point d'encouragemens qui puiſſent ſoutenir des hommes indolens, magnifiques & vains. Oſons plus, diſons qu'à force de privilèges, le Commerce de France, ſemblable aux enfans gâtés à qui l'on accorde tout, a, comme eux, perdu toute ſon énergie, toute ſon induſtrie.

Cependant, ſi quelque choſe peut les tirer de leur létargie, ce ſont les droits impoſés ſur les ſalaiſons étrangères & converties en primes d'encouragement en faveur des nationaux.

Nous voyons avec regret leur dédain pour ces mêmes encouragemens ; ils ne ſont pourtant pas illuſoires ; nous allons en faire le calcul.

La Colonie de Saint-Domingue renferme environ 350 mille Noirs, & 50 mille autres conſommateurs, à qui l'on ne peut, fans barbarie, refufer une demi-livre de falaifon par jour ; de forte que chaque jour il s'en confommera deux cent milliers ou cent tonneaux.

DÉJA l'on voit que cette confommation peut donner de l'activité à trois cent foixante-cinq vaiffeaux de cent vingt tonneaux ; car il en faut un par jour pour approvifionner la feule Colonie de Saint Domingue.

SUPPOSONS que le prix moyen des falaifons foit de 24 liv. le cent ; & il faut qu'elles foient à ce prix-là pour en diftribuer aux atteliers.

SUPPOSONS encore que la moitié de ces falaifons foit introduite par les étrangers, fur lefquels la Loi impofe un droit de 4 liv. 10 fols du pays par quintal, il s'enfuivra que ce droit qui eft attribué au Commerce national, lui fera vendre fa morue à 18 liv. 10 fols, tandis que l'étranger ne vendra la fienne que 19 liv. 10 fols, & cela encore à caufe des 4 liv. 10 fols de droits qu'il est obligé de payer en entrant ; cela fait 9 liv. par quintal de salaisons, ou un bénéfice de 46 pour cent en sus de celui que les étrangers peuvent faire.

Ce bénéfice est considérable, sans doute ; mais il ne séduit pas un Commerce accoutumé à des profits plus considérables. D'ailleurs la modicité des cargaisons couvrira difficilement le luxe des expéditions. *Indè mali labes.*

Cette imposition est très-réelle ; elle est même trop considérable, en ce qu'elle pése sur le Colon , & particulièrement sur les Esclaves dont le sort mérite d'être adouci. En effet , le droit de 4 liv. 10 sols par quintal, sur 73 mille quintaux, produit une somme de 3,285 mille livres. C'est encore en cela que la Colonie rend les étrangers tributaires de sa patrie. Mais cette somme est trop considérable ; il convient de la diminuer d'un tiers, parce que la plupart des salaisons sont à trop bas prix, & d'une qualité trop médiocre pour supporter un droit aussi fort. Si les

choses

chofes fubfiftent ainfi, les Etrangers n'apporteront que des falaifons chères, & les Nationaux celles du plus vil prix. Il faudrait diftinguer les unes des autres, & proportionner le droit à leur valeur.

Le poiffon falé devrait payer moins cher que les chairs falées. Le Colon, fur qui la nouvelle Loi pèfe encore trop fortement, ne s'en plaint pas, parce que, comparant le paffé au préfent, il voit fes maux allégés : & il ferait fatisfait, s'il voyait le Commerce Français animé du même efprit, faire fes efforts pour foutenir la concurrence des étrangers, parce qu'il efpérerait qu'alors le droit ferait fupprimé : il ne devrait pas en effet en exifter aucun fur les fubfiftances.

Le Commerce Français ne pouvant nous apporter les merreins & les bois de conf. truction, ne doit pas être jaloux que les Etrangers les apportent : il fera bien dédommagé par la faculté qu'il aura d'acheter de ces mêmes Etrangers, les raifines, goudrons, bois de teintures & pelleteries, dont la France manque, & qui lui offrent des retours avantageux, & encore par la liberté qu'il aura de vendre les cargaisons Françaises aux Etrangers en concurrence avec les Coloniaux.

Les vins, les favons, les huiles, les marchandifes fèches de toutes les efpèces, auront un débouché avantageux ; & le Commerce ne fera plus expofé à ces fecouffes qu'il a quelquefois éprouvées, lorfque des tems malheureux ne permettroient pas aux Colons de déboucher des cargaifons inconfidérément accumulées. Cet article eft très - fagement combiné, il eft bien plus favorable au Commerce qu'aux Colons. Cependant, ce font ces derniers feuls qui les reçoivent avec reconnoiffance.

Ils auraient feulement defiré qu'il eût été permis aux Etrangers d'importer les fuifs, les huiles & les blancs de baleine; ces objets font de première néceffité : le

Commerce eſt obligé de les tirer de l'É-tranger, & ne peut les fournir qu'à un taux trop cher, pour que les Colonies puiſſent les acheter.

IL eſt en effet extravagant d'acheter de l'huile de poiſſon au même prix que l'huile d'olive, quelquefois même plus cher. C'eſt ce qui arrivera toujours, ſi le Commerce national en a le droit ex-cluſif. Leur prix exceſſif eſt un moyen d'exciter la contrebande ; il ferait ſage de la prévenir. Le plus ſûr moyen ferait d'en permettre l'importation aux Etran-gers, en les chargeant d'un droit modi-que & bien combiné.

LA Colonie ne dépenſe qu'environ 600 mille livres en ſuif & huile de poiſ-ſon ; cet objet n'eſt pas aſſez conſidéra-ble pour exciter les réclamations du Com-merce national. S'il eſt permis aux Etran-gers de les importer, la conſommation doublera pour le même prix ; l'on met-tra beaucoup d'aiſance dans les Manufactures, & chez les Nègres, qui ont befoin d'être éclairés pendant la nuit, & qui, pour y fuppléer, allument des grands feux de bagas, qui occafionnent fouvent des incendies & des défaftres confidérables.

L'EXPORTATION des denrées coloniales, permife aux Etrangers, ne pouvant porter que fur les fyrops, rums & tafia, nous paraît trop bornée. Les Négocians Français ne mettent aucun prix aux fucres bruts de baffe qualité, ordinairement produits par les fucreries naiffantes, lefquelles, dans le premier tems de leur culture, ne peuvent tirer d'une terre neuve que des fucres très-inférieurs, dont le débouché devenu prefque nul, arrête leur effor & leur activité.

LES Etrangers, au contraire, ont des débouchés qui font inconnus aux Nationaux ; la Nouvelle-Angleterre en confommeroit une bonne partie. Il ferait donc bon & utile de permettre aux Etrangers l'exportation de ces mêmes ſucres pour un ſixième de leurs cargaiſons ; ce ſerait un moyen aſſuré de faire proſpérer & de multiplier les défrichemens, qui dans l'état actuel ne peuvent pas ſe former. L'on n'eſt pas tenté d'augmenter ſon habitation, d'y faire des plantations en terre neuve, parce que l'inſouciance du Commerce national pour les fruits qui en réſultent, ne permet pas au Colon d'y trouver ſes frais.

MAIS ſi l'on craignait de laiſſer exporter cette eſpèce de ſucre par les Etrangers, l'on devrait donner au moins cette permiſſion aux Négocians Français, qui expédient des Colonies Françaiſes pour la Nouvelle-Angleterre.

LES Provinces ont ſi grand beſoin de ſucre, qu'elles tenteront tous les moyens de s'en procurer ; ce ſeroit encore un moyen de prévenir la contrebande. Les encouragemens accordés au Commerce pour l'introduction des Nègres dans nos Colonies, font un bienfait d'autant plus grand, qu'il doit mettre les Négocians à même de traiter plus favorablement les Colons ; & s'ils répondent aux vues bienfaifantes du Gouvernement, la Colonie verra croître fes Atteliers, fes cultures & fes productions, qui peuvent aifément doubler la fortune des Colonies, & par conféquent celle du Commerce & de l'Etat. Mais il exifte un vice radical dans la manière dont les Négocians Français font le Commerce ; c'eft au Gouvernement à le pénétrer & à le prévenir.

COMMENT fe peut-il, en effet, que la première de toutes les Nations, celle qui eft la plus riche, la plus induftrieufe, foit par les productions territoriales d'un fol excellent, foit par la quantité & la qualité de fes Manufactures, foit enfin par le génie de fes habitans, ne puiffe foutenir la concurrence des petites Nations qui l'avoifinent, à qui la Nature a refufé ce qu'elle a prodigué à la France ? Comment fe peut-il que fes Négocians

ayent befoin d'encouragemens auffi confidérables pour fe foutenir ? Comment fe
peut-il qu'ils fe ruinent en vendant leurs
Nègres moitié plus cher que les Anglais,
en achetant les denrées coloniales à moitié
meilleur marché ? Comment enfin peut-il
être réduit à frauder fur toutes les marchandifes qu'il importe dans toutes les Colonies ? Le vin, la farine font placés dans
des futailles qui font d'une jauge de vingt
pour cent plus courtes que celles ordon-
nées par la Loi. Comment, malgré cela,
eft-il réduit à mandier des priviléges qui
détruiraient bientôt les Colonies, s'ils
étaient continués ?

Si le Commerce de France peut livrer
aux Colonies les Nègres au même prix
que les Anglais, il arrivera un grand
changement dans le Commerce de l'Europe avec l'Amérique : les Colonies Françaifes n'ont befoin que d'un plus grand
nombre de Nègres pour doubler leurs
produits ; il ne s'agit pour cela que de doubler les Atteliers.

ALORS il ferait impoffible aux Colonies Efpagnoles de naître ; & les Colonies Anglaifes feraient néceffairement
anéanties , parce qu'il leur ferait impoffible de foutenir la concurrence de celle-ci.
Déja les Français qui achètent les Nègres
trop chers , font tomber le prix des fucres
dans tous les Marchés de l'Europe. Si les
Atteliers étaient doublés , les productions
augmenteraient dans la même proportion ,
les fucres fe vendraient encore moins
cher ; & malgré cela , le Colon ferait
bien dédommagé par la plus grande abondance de denrées.

DANS cet état des chofes , que devien-
draient les Colonies Anglaifes ? Suivant
M. Charmers , elles doivent douze cent
millions , & n'ont qu'un revenu de foixante millions , ce qui fait précifément
l'intérêt des fommes qu'elles doivent. Par
conféquent il leur eft impoffible de s'ac-
quitter , parce que les biens-fonds des Colonies doivent rapporter dix pour cent ;
c'eft au moins fur ce taux-là qu'elles ont

toujours été confidérées à Saint-Domingue. Nous croyons d'ailleurs que l'intérêt du Commerce Anglais eſt le même que chez nous, c'eſt-à-dire, à ſix pour cent; d'où il s'enſuivrait que leur dette étant envers le Commerce, il leur ſerait impoſſible de ſe liquider ; car il s'en faut d'un ſixième que leur revenu puiſſe payer le ſeul intérêt de leurs dettes. Les frais de Juſtice ſont chez les Anglais plus ruineux encore que chez nous. Par conſéquent, l'on peut aſſurer que ces mêmes Colonies ſont dans un état de criſe qu'elles ne pourront pas ſoutenir long-tems ; au contraire, la Colonie de Saint-Domingue, qui ſeule vaut plus que le double de toutes les Colonies Anglaiſes, n'a tout au plus que la dixième partie de leurs dettes ; car nous penſons qu'à la fin de la préſente année, la Colonie de Saint-Domingue ne devra pas plus de cent vingt millions ; ainſi ſa poſition eſt beaucoup plus avantageuſe.

DANS cet état des choſes, ſi l'on permettait aux Etrangers d'importer des Nègres dans les Colonies Françaises, & d'exporter en retour des denrées coloniales, il est certain que les Anglais livreraient leurs Nègres à 1200 livres, & même au-dessous, puisqu'ils les livrent bien aux Espagnols qui les payent en argent, sur le retour duquel ils éprouvent une perte de six à sept pour cent ; tandis qu'au contraire nos denrées coloniales, dont ils connaissent les débouchés bien mieux que nos Négocians, leur offriraient des retours très - avantageux. D'après cela, l'on peut croire qu'ils donneraient leurs Nègres à cent pistoles ; si cette permission devait seulement durer pendant 4 à 5 ans, la Colonie se meublerait tellement en Nègres, qu'elle pourrait peut-être se recruter d'elle-même par les naissances.

La France n'aurait plus besoin du Commerce de Guinée ; la France verrait doubler le nombre de ses Vaisseaux, de ses Matelots, de ses Consommateurs dans tous les genres. Les Colonies Anglaises feraient anéanties, parce qu'elles ne pourraient pas fupporter la concurrence des Colonies Françaifes.

IL ferait impoffible aux Colonies Efpagnoles de fe former; & la France s'emparerait pour toujours de cette branche effentielle de Commerce, qui rendrait toutes les autres Nations fes tributaires pour des fommes immenfes.

DANS l'état actuel, la Colonie renferme quatre cens mille Confommateurs, dont cinquante mille Blancs ou gens libres. Il y a cinquante mille Nègres dans les Villes ou Bourgs; refte trois cent mille Noirs qui font fixés fur les habitations. Il n'y en a que la moitié qui foit réellement attachée aux cultures, parce que l'autre moitié eft compofée de vieillards, d'infirmes, d'enfans, de domeftiques, de gardiens & autres gens à pofte fixe, qui ne travaillent point ni à la terre ni aux Manufactures des denrées.

LES cent cinquante mille Laboureurs

font conduits par dix mille Colons, Maîtres, Régiffeurs ou Economes. N'eft-il pas étonnant qu'une auffi faible population verfe dans le fein de fa Métropole une fomme énorme de cent vingt millions tournois ?

DANS quelle région trouvera-t-on jamais un Peuple qui paye un auffi riche tribut ? Et cependant cette même Population n'a befoin que de quelques encouragemens pour doubler ce même tribut.

DOUBLEZ les Atteliers, fourniffez-leur à un prix modéré les fubfiftances les plus communes ; que les denrées coloniales fe foutiennent à un prix raifonnable, même à vingt pour cent au-deffous des denrées étrangères, vous verrez promptement doubler les cultures & les tréfors qui en découlent ; vous déboucherez une plus grande quantité de vos fuperfluités. Vos Vaiffeaux fe multiplieront, & le nombre de vos Matelots s'accroîtra.

MAIS pour y parvenir, il faut que le

prix des Nègres foit moins cher ; les encouragemens accordés au Commerce national ne fuffiront pas, tout confidérables qu'ils foient. Nous ne favons à quoi cela tient ; mais nous penfons qu'il n'y a que la concurrence des Anglais qui puifle apprendre à nos Négocians la manière de faire le commerce des Nègres.

Le Commerce de France fe plaint des pertes qu'il a éprouvées pandant la guerre ; il fe propofe de remettre fon bilan, afin que le Miniftre, effrayé de fes pertes, lui accorde de nouveaux priviléges qui puiffent le dédommager.

Mais pour que le Miniftre foit bien inftruit de la vérité, il ne faut pas que le Commerce cache les profits immenfes qu'il a faits par le débouché de fes cargaifons dans les Colonies. Il faut auffi que le Miniftre foit informé des profits immenfes que l'exceffive cherté du fret a donné au Commerce. Ces profits font en effet bien confidérables ; car il en coûtait cinq & six fols tournois pour le fret de chaque livre de fucre ou de café ; deforte qu'un navire de 400 tonneaux rendait à fon Armateur un bénéfice clair de deux cent à deux cent quarante mille livres tournois, pour avoir porté quatre cent tonneaux de denrées coloniales de Saint-Domingue en France.

Ces profits font affurément confidérables ; ils ont été affez fouvent répétés pour le dédommager de quelques pertes qu'il a pu faire, & qui proviennent pour la plupart de fa propre faute, comme nous allons le démontrer.

En effet, la feule perte confidérable que le Commerce ait éprouvé, c'eft fur les remifes, parce que le fucre s'eft fouvent vendu moins cher qu'il n'avait coûté.

Mais les Colons ont bien partagé ces pertes ; le Commerce s'en dédommageait par les profits qu'il faifait fur le fret ; les Colons n'avaient pas la même reffource ;

auffi leurs pertes ont-elles été plus grandes. L'Auteur de ce Mémoire a perdu
quatre cent mille livres tournois fur fes
remifes, pendant les trois dernières années de la guerre.

Il convient d'expliquer comment cela
a pu arriver. Un convoi arrivant dans un
moment où les denrées coloniales étaient
fans demande; l'Armateur à qui fon vaif-
feau apportait un bénéfice clair de 200
mille livres tournois, fans attendre des
circonftances plus favorables pour les ven-
tes, s'empreffait de fe défaire des denrées
qui lui étaient adreffées, parce que cette
vente fuffifait, ou à-peu-près, pour lui
payer fon fret & fa commiffion, & il fe
fouciait peu de ce que deviendrait le malheureux Fréteur.

Quant il a été fait une vente un peu
confidérable à un bas prix, le cours s'é-
tablit aifément fur ce pied-là, & d'autant plus aifément, que tous les Arma-
teurs étaient fort intéreffés à recevoir

promptement le prix de leur fret. A quoi il faut ajouter que fouvent ils font vendeurs & acheteurs, & qu'il y a beaucoup de profit d'acheter à bas prix pour vendre enfuite plus cher.

MAIS plufieurs y ont été trompés ; les bas prix fe font foutenus plus long-tems qu'ils ne penfaient ; plufieurs d'entr'eux avaient, par les mains de leurs Capitaines, fait des achats très-chers & très-confidérables dans les Colonies ; ils avaient chargé ces mêmes denrées fur des Vaiffeaux qui appartenaient à d'autres ; ces chargemens ont fait de mauvaifes remifes, & plufieurs d'entr'eux y ont perdu très-gros. Mais, eft-ce la faute des Colons ? Et n'eft-ce pas la faute même du Commerce ? N'ont-ils pas mérité cet échec, pour n'avoir pas voulu attendre pendant quelques mois une circonftance plus favorable que celle qu'ils ont choifie, & qui a avili les denrées ?

IL nous refte à parler des moyens que l'Arrêt du Confeil préfcrit pour empêcher

la

la contrebande, dont les effets ont été vraifemblablement exagérés par les Négocians.

Nous fommes bien éloignés de penfer qu'elle foit auffi confidérable que le Commerce le dit ; il eft aifé d'en juger par les déclarations faites au Bureau de l'Octroi, depuis l'admiffion des Etrangers.

Nous ne penfons pas que les denrées importées dans la Métropole foient moins confidérables qu'avant leur admiffion ; au refte, s'il y avait une différence confidérable, elle pourrait bien venir de la diminution des Efclaves, qu'on n'a pu remplacer pendant la guerre, & des grandes féchereffes qu'on a éprouvées pendant les années 1779, 1780 & 1781, qui ont auffi reflué fur les années fuivantes.

Cependant il eft jufte de donner à cet égard toute fatisfaction au Commerce ; mais le Miniftre doit être inftruit de la fenfation cruelle qu'a produit dans tous les cœurs le feul nom de Commis.

Le Colon, le Négociant, le Marin, tous ont pâli d'effroi ; chacun croit déja voir les Douanes, & toutes les entraves de la Burfalité ; les hommes les plus courageux, les plus induftrieux parlent déja de vendre leur propriété & d'émigrer.

Nous fommes bien éloignés de penfer que leurs craintes foient fondées ; les frais de la Burfalité ne peuvent être fupportés que par de grandes Provinces, où l'on trouve une multitude de gens opulens. Saint-Domingue préfente beaucoup d'hommes laborieux ; mais très-peu font riches, encore ceux-là font-ils en France. Toute la fortune de la Colonie eft entre les mains des Négocians. Ce feroit arrêter les élans de ceux que l'efpoir de faire fortune conduit au travail ; ce ferait obftruer tous les canaux de la fortune publique. Une telle opération ferait trop abfurde, trop gratuitement oppreffive pour qu'elle puiffe

avoir lieu ; & fûrement , le Miniſtre bien-
faiſant qui gouverne les Colonies eſt bien
éloigné d'y penſer.

MAIS le découragement s'eſt emparé
des eſprits : il eſt bon , il eſt utile d'en
prévenir les progrès ; & ce ſerait un nou-
veau bienfait de la part du Gouvernement
de donner une Déclaration publique , qu'il
n'a pas d'autre intention que d'arrêter les
progrès de la contrebande.

A P P R O B A T I O N.

J'AI lu par ordre de Monſeigneur le Garde des Sceaux,
un *Mémoire ſur le Commerce étranger avec les Colonies
Françaiſes de l'Amérique* ; & je crois qu'on peut en permettre l'impreſſion.

A Paris, le 9 Juillet 1785. DEMEUNIER.

De l'Impr. de CL. SIMON , Imprimeur de Monſeigneu
L'ARCHEVÊQUE de Paris , rue S. Jacques ,
près S. Yves , N°. 27.